CONSIDÉRATIONS SUR LA PAIX
DE 1783.

Envoyées par l'Abbé RAYNAL

AU PRINCE
FRÉDERIC HENRI DE PRUSSE.

Qui lui avoit demandé ce qu'il penſoit de cette Paix.

A BERLIN,
Chez HENRI LA GARDE.

1783.

CONSIDÉRATIONS
SUR LA PAIX.
DE 1783.

L'ACTE du Timbre, le projet d'établir des garnisons en tems de paix, pour s'assurer de la fidélité des colonies; les douanes & les loix prohibitives; telles sont les causes de la guerre de l'Amérique, contre lesquelles le Lord *Chatam* s'étoit élevé avec tant de fermeté, & si inutilement.

La liberté des mers, la liberté du commerce; tel étoit le cri général de l'Europe. Toutes les nations soupiroient en silence après le moment fortuné qui les appelleroit au partage des richesses dont l'Angleterre vouloit se faire l'entrepôt. La France hâte ce moment: elle négocie en Amérique, combat sur les mers, éclaire les cours du Nord sur leurs vrais intérêts, arrache la Hollande à ses lenteurs, & ne néglige que la victoire.

Ce n'est pas en se rendant maîtresse de quelques isles qu'elle assure ses projets, mais en éloignant toutes les nations des alliances

que son adroite rivale proposoit. Elle a dit :
„ Existez par vous-mêmes ; osez tout devoir
„ à votre propre industrie, & connoissez
„ l'étendue de vos forces ".

La fierté de l'impérieuse Albion, révoltoit depuis long-tems jusqu'à ses alliés, & disposoit tous les peuples à prêter une oreille attentive & docile aux propositions qui les affranchissoient de la dépendance. L'Angleterre vit bien que cette neutralité armée n'étoit qu'une ligue contre elle. Pour la dissiper, elle attaqua la Hollande, & se flatta qu'occupée toute entiere de sa défense, elle ne pourra se prêter aux vues secretes des prétendus neutres : son espoir fut trompé.

Elle avoit aussi repoussé les assurances qu'on lui donnoit de l'adhésion de l'Empereur & du Roi de Prusse : mais quand elle fut publique, elle vit que nul despotisme n'existeroit dans l'empire de Neptune ; & que, dès que chaque nation invoquoit la nature, la raison & l'équité, toute supériorité alloit disparoître.

Sans étendre plus loin ces vues générales, tâchons de bien connoître la vraie situation de chaque puissance belligérante, lorsqu'elle a résolu la paix.

L'Angleterre ne possédoit qu'Hallifax, New-Yorck & Charles-Town, dans une étendue de douze cents milles. Elle n'avoit pu garder Boston, ni Philadelphie. Sur cet espace immense elle avoit égaré deux armées, que les Américains trouverent à Sarratoga & en Virginie. Les trois postes qui lui restoient, étoient trop éloignés pour s'entre-aider. Elle avoit perdu les isles de St. Vincent, la Grenade, la Dominique, St. Eustache, Tabago, St. Martin, la province de la Floride, les garnisons de Pensacola, le fort Omoa, le Sénégal, Minorque, Nevis, Montserrat, les Anguilles, la Barboude.

Ces pertes, l'état des finances, de la marine & des troupes, firent que lorsque le général Conway proposa dans la chambre des Communes, le 25 Février 1782, une paix ou une treve avec l'Amérique; sa proposition ne fut rejetée que d'une seule voix, deux cents quatre-vingt-treize contre deux cents quatre-vingt-quatorze. La dépense annuelle de la marine, de l'armée, de l'artillerie & autres objets, s'élevoit à cinq cents trente millions de livres Tournois. La taxe des terres & les autres impositions n'en fournissoient que deux cents six. Il falloit en emprunter trois cents vingt-quatre. Ils avoient été précédés de deux milliards deux cents millions, depuis l'année 1755.

J'ai calculé que, depuis quatre-vingt-douze ans, il y a eu quarante-six années de guerre & quarante-six années de paix. Comme dans une seule année de guerre, on emprunte plus d'argent qu'on en peut rembourser en dix ans de paix, il est clair que la dette nationale doit s'accroître jusqu'à l'infini. L'exemple du Lord North vient à l'appui de cette assertion. Il acquitta trente-six millions de dettes pendant neuf années de paix, & en emprunta cinquante-deux pendant la derniere guerre.

Malgré ces dépenses monstrueuses, la marine n'étoit pas dans un état brillant. Le Ministere qui remplaça celui du Lord North, commença par démontrer qu'il falloit construire onze vaisseaux ; la démonstration resta, mais les vaisseaux ne se construisirent pas.

Relativement aux Indes, l'Angleterre n'étoit pas dans une meilleure situation. On avoit sacrifié les avantages solides du commerce au prestige des exploits militaires ; à force de faire des conquêtes, on étoit accablé sous leur poids : on n'y avoit pas plus d'alliés & d'amis qu'en Europe. Une compagnie de Marchands, à force d'humilier les Rois de ces pays, avoit enfin suscité un Hyder-aly, qui les vengea tous. Bombay, Madras, le Bengale ne pouvoient seulement pas acquitter leurs dettes; les troupes mal-payées désertoient, ou se livroient à des mutineries dangereuses. M. Gibbon a écrit lui-même: „ Les moyens fournis de notre part, étoient marqués du sceau de l'oppression & de tous les subterfuges qui abusent la confiance & la simplicité". Le chevalier Hughes n'avoit pas été heureux contre M. d'Orves. Madras avoit capitulé. Les succès d'Hyder-aly étoient bien moins importans en eux-mêmes, que par l'avertissement qu'ils donnoient à tous les princes Indiens, de secouer un joug que l'avidité européenne appésantissoit tous les jours davantage; & il est à présumer qu'on pourra bientôt leur appliquer ce qu'un Sauvage disoit des Américains: „ Pere, les ennemis du grand Roi sont en quantité, & leur nombre s'accroît". Ils ressembloient autrefois à de jeunes Pantheres: ils ne pouvoient ni mordre, ni égratigner, nous pouvions jouer avec eux sans danger; mais aujourd'hui, ils sont venus aussi hauts que l'Elan & aussi forts que le Buffle.

Il n'y a qu'à lire ce que le comte de Shelburne a déclaré en plein parlement, de l'état actuel des domaines Britanniques aux Indes, dans son discours justificatif du 17 Février.

A 4

L'Irlande ajoutoit encore aux inquiétudes de l'Angleterre, malgré les sacrifices de celle-ci, qui par la révocation de l'acte de la sixieme année de George I, la laisse rentrer dans le droit de faire seule ses loix. Il semble que le parlement n'aie cédé qu'à regret, & que l'Irlande ne puisse prendre sur elle d'avoir de la confiance.

Il résultoit aux yeux de ceux qui voyoient avec impartialité, que les États-Unis étoient non-seulemens perdus, mais de plus, aliénés par les cruautés exercées contre eux depuis 1774, cruautés qui entachent ce siecle; que la supériorité de la marine angloise sur la marine françoise étoit devenue problématique; que le commerce de la Grande-Bretagne s'étoit partagé avec le Nord; que dans la paix, il falloit trouver trois cents soixante millions annuellement, tant pour faire face aux dépenses, que pour payer l'intérêt de la dette nationale; que l'Inde allarmoit plutôt l'Angleterre, qu'elle ne la consoloit de ses malheurs. Enfin, voici ce qu'un Anglois célebre écrivoit.

,, Une Dame illustre est accablée de la maladie la plus grave & la plus accablante. Son cœur commence à être attaqué, & sa fin est prochaine, si on n'emploie à l'instant les remedes les plus violens pour la fauver. Depuis sept ans cette Dame infortunée eft entre les mains de Médecins Ecoffois, qui ont fait tant de bévues, & qui l'ont fi fréquemment faignée, que fon corps n'eft plus qu'un fquelette, & fon exiftence un fouffle. Ses enfans ruinés à jamais par les ordonnances des Médecins, n'ont plus le moyen de l'aider; & fes anciens amis, qui trouverent fi fouvent du foulagement dans fes foins charitables, l'abandonnent & fe confolent de fa perte, en fe difant qu'elle a un peu trop abufé de fes forces ".

D'après ce réfumé, on chercha dans la paix quelques remedes à tant de maux.

La France commençoit à s'appercevoir qu'elle achetoit bien cher l'affoibliffement de fa rivale. La fatale imprudence de M. de Graffe, les inutiles dépenfes du fiege de Gibraltar; le petit ridicule des batteries flotantes; l'éternelle indécifion de la Hollande; les lenteurs combinées de l'Efpagne, lui faifoient defirer la paix, plus que l'épuifement de fes finances, & la perte affez indifférente de Ste. Lucie & de Micquelon. Louis XVI, plein de projets falutaires & d'arrangemens économiques, ne pouvoit y appliquer des fonds que la guerre dévoroit. Il voyoit, ainfi que fon

Conseil, tous les avantages de ces coûteuses querelles paſſer dans les ports des puiſſances neutres; les circonſtances le favoriſoient. Les troubles du Miniſtere Anglois, les mutations fréquentes ſont toujours au profit des nations ennemies; & quoiqu'on diſe que la voix de l'oppoſition ſe perd dans les airs, il eſt ſûr que jamais un corps compoſé de deux volontés, n'opérera un grand bien. La France décida donc de fermer le temple de Janus.

L'Eſpagne, qui depuis trop long-tems conſommoit l'or du Pérou aux pieds d'un ſtérile rocher, ne ſavoit plus où trouver des fonds pour armer ſes flottes. Une arriere penſée l'occupoit ſans ceſſe; elle poſſédoit une moitié de cette Amérique, dont elle avoit reconnu l'indépendance. Qu'auroit-elle pu objecter à ſes Colonies, ſi pareillement elles s'étoient affranchies du joug que leur impoſa jadis la force & la barbarie? Deux cents ans ne ſont pas trop pour oublier les barbaries raffinées de Pizarre & les chiens de l'atroce Nugnés. Peu-à-peu les eſprits s'éclairent; on ſait que le commerce & l'agriculture ſuppléeront à l'appauvriſſement des mines du Potoſe & de Panama.

La Hollande, plus occupée de ſes troubles inteſtins que des opérations de ſes ennemis, les oubliant comme fes alliés pour conferver fes tréfors & fon commerce, craignoit bien plus d'être victime de la paix que de la guerre. La France avoit déja payé, & au-delà, les médiocres fecours qu'elle avoit trouvés dans fon alliance. L'Angleterre n'étoit pas vengée de la défection de la République; il s'agiffoit pour elle, moins de faire fa paix, que de fe trouver honorablement placée dans celle qui alloit réunir les trois autres puiffances. Elle eut recours à fes moyens ordinaires (la lenteur), & réfolut de laiffer confommer les trois quarts du traité avant d'y intervenir.

Les États-Unis ayant obtenu par le fait l'indépendance, accrédité leurs Miniftres aux principales cours de l'Europe, établi leurs législations, n'avoient d'autre intérêt que de fceller par la paix tant d'avantages, & de voir leurs anciens maîtres rappeller leurs troupes pour ne paroître chez eux que fur des vaiffeaux meffagers du commerce. Ils avoient befoin de tranquillité pour affeoir leur gouvernement fur l'égalité & la concorde, pour préparer aux Emigrans de quoi juftifier leur efpoir, & pour échanger les productions de leur fol contre les cargaifons des vaiffeaux d'Europe.

Telles étoient les difpofitions des cinq Puiffances belligérantes, lorfque l'efprit pacificateur eft defcendu parmi elles.

L'Angleterre a cédé à la France 1°. les isles de S. Pierre & Micquelon, de même que Tabago. 2°. La riviere de Sénégal avec cinq forts. 3°. A-peu-près quarante lieues de côtes pour la pêche dans l'isle de Terre-neuve.

De plus, l'Angleterre reftitue à la France, 1°. Sainte Lucie. 2°. L'isle de Gorée. 3. Les Etabliffemens pris dans le cours de la guerre préfente fur la côte d'Orixa & dans le Bengale, Chandernagor. 4. Pondicheri & les deux diftricts de Valanaour & de Mahour, de même que Karikal & les quatre Magans qui l'avoifinent. 5°. Maché, & le Comptoir de Surate.

La France reftitue à l'Angleterre, la Grenade, les Grenadines, Saint-Vincent, la Dominique, Saint Chriftophe, Nevis & Montferrat; garantit la riviere Gambie & le fort faint James.

Pour raifonner fur ces mutuelles ceffions, il faut fe remettre fous les yeux leur valeur refpective.

La Grenade a environ dix lieues de long & cinq de large; fa fertilité étoit généralement reconnue en 1650, lorfque Duparquet, propriétaire de la Martinique, l'acheta des Sauvages; elle fut cédée aux Anglois en 1763, sa situation, plus que son produit, la rend précieuse à ses maîtres.

Saint-Christophe, appellée *Liamaiga* avant que Colomb lui donnât son nom, a presque tous les avantages qu'on peut desirer: l'air est pur, la terre y est fertile, elle est coupée par des rivieres qui portent la fécondité dans leurs cours. Habitée d'abord par des Anglois & des François, elle fut cédée aux premiers par le traité d'Utrecht en 1714, prise par leurs ennemis en 1781, & rendue le 20 Janvier 1783. Elle a près de vingt lieues de circuit.

Névis est connue sur-tout par ses bains, que les François préferent à ceux de Bourbon, & que les Anglois comparent aux eaux de Bath. Cette isle commença à être habitée en 1618. elle n'a que douze lieues de largeur, & cependant elle nourrissoit quatre mille hommes en 1638; sa richesse est du sucre, dont elle charge soixante-dix vaisseaux pour l'Europe.

Montserrat est un peu plus grande que Névis: même population, mais moins de fécondité. Elle a résisté non-seulement à des guerres, mais même à un tremblement de terre qui la tourmenta en 1692.

Il n'est rien moins que prouvé que ces colonies soient fort avantageuses pour les métropoles; il est, au contraire, très-démontré que ces petites isles ne valent assurément pas le sang qu'elles ont fait verser. Si d'ailleurs c'est un grand bien d'avoir des colonies à sucre, l'Angleterre aura un produit au moins égal à celui de la France, car les huit isles qu'elle conserve en fournissent cent soixante-quatre mille cinq cent tonneaux.

Malgré ces avantages, trois especes de personnes ont élevé en Angleterre des clameurs contre la paix. Les négocians, qui ne veulent pas qu'on cede un pouce de terrein à la France, ou à l'Espagne; les fournisseurs, parce qu'il n'y a plus d'entreprise à faire; les hommes hors de place qui esperent y revenir en faisant quelque bruit.

Voyons ce que la France a reçu. Les isles de Saint-Pierre & de Micquelon, qui touchent à l'isle de Terre-neuve, ne peuvent être considérées que pour la pêche, & sous ce point de vue, c'est sans doute un des articles le plus important du traité, sur-tout ayant la liberté de les fortifier, ce qui dans tous les traités précédens avoit été soigneusement évité, parce qu'en tems de guerre, la France continue de pêcher sous la protection de ses forts. Le Lord Shelburne a produit des cartes faites par des ingénieurs expérimentés, qui prouvent que ni l'une ni l'autre de ces isles n'est susceptible de fortifications capables de résister à la plus petite des frégates.

Tabago, qui produit plus de coton que toutes les autres ensemble, suivant l'opinion des principaux négocians intéressés au commerce de cette isle.

Sainte Lucie, plus grande que ces trois dernieres isles, jusqu'en mille sept cents trente-sept, avoit été habitée & dédaignée par les Anglois & par les François; elle est extrêmement utile à celui qui possede la Martinique, & quoique le climat n'y soit pas fort sain, elle est cependant plus habitée que la plupart des isles voisines.

Il est incontestable qu'aux Antilles les Anglois conservent la meilleure part. Dans l'Inde ils ont des royaumes bien plus grands que ceux qu'ils possedent en Europe. Pondicheri, Chandernagor, &c. sont quelque chose, si une compagnie commerçante pouvoit, si-non devenir rivale de la compagnie angloise, du moins éviter les entraves qu'elle donne à tout ce qui l'environne sur le théatre de sa souveraineté. Mais à quoi servent des comptoirs aux François, qui ont détruit leur compagnie, leurs établissemens, & prouvé, par de beaux mémoires, que le commerce de l'Inde leur étoit pernicieux ?

La riviere de Sénégal, avec ces cinq forts, est utile pour l'horrible commerce des Negres: il semble que la providence ne puisse pas supporter cet odieux trafic. Les princes africains ne se contentent plus de denrées de médiocre valeur pour le superflu de leur population. Ils exigent des échanges qui feront monter très-haut le prix de ces esclaves, & peut-être que les chefs d'habitations seront dans l'heureuse impossibilité d'employer ces êtres, les plus infortunés de ceux qui pesent sur ce globe.

De ce grand banc de Terre-neuve, qui peut avoir environ cent cinquante lieues de long, l'Angleterre en cede quarante à la France : c'est assez pour avoir de ces morues dont le nombre égale les grains de sable qui couvrent le banc. Depuis près de trois siecles, on en charge tous les ans quatre cents navires, sans qu'on s'apperçoive de la plus légere diminution. La raison pour laquelle l'article de Dunkerque parut si important à l'Angleterre, c'est que le charbon s'est vendu à Londres jusqu'à quinze livres sterlings le chaldron (deux mille pesant). Le commerce de ce fossile est la pépiniere des matelots, & la ruine de cette pépiniere entraine la ruine de la marine.

Par

Par le traité de paix entre l'Angleterre & l'Espagne, celle-ci conserve l'isle de Minorque, la Floride occidentale, & reçoit la Floride orientale; mais restitue les isles de la Providence & des Bahamas au roi d'Angleterre, c'est-à-dire, qu'à bien évaluer les choses, elle acquiert des pins qui ne portent pas de fruits, des chataigniers, des cedres, des cyprès, des palmiers, & surtout le sassafras, qu'on assure être le premier des spécifiques contre les maladies vénériennes. Lorsque Fernand de Soto, en 1634, découvrit cette isle, on ne pensoit pas qu'un jour elle feroit mettre bas les armes à des Puissances qui n'en ont nul besoin : ces pays devenus aujourd'hui l'objet de l'ambition des rois armés, étoient donnés autrefois au premier particulier qui avoit le courage d'y mener quelques Colons & d'ouvrir le sein de la terre, rébelle pendant long-tems aux desirs de ses inconstans possesseurs.

Minorque est plus renommée par son port considérable; elle a environ douze lieues de longueur, sur quatre de largeur; elle produit tout ce qui est nécessaire à la vie, excepté l'huile.

L'Espagne a été forcée de renoncer à ce rocher contre lequel tant de forces réunies

B

ont échouées. Pendant qu'elle prodiguoit ſes tréſors pour le ſuccès de cette entrepriſe, voici ce qu'on diſoit à Londres. ,, Si nous ſommes aſſez heureux pour que l'Eſpagne nous débarraſſe de cette place, le Gouvernement fait une épargne annuelle d'un demi-million ſterling qu'il en coûte pour l'entretien de cette forthereſſe ; ſi l'on ajoute à cette épargne ce que nous recevrons en compenſation, quel marché pour la nation ! "

Les Etats-Unis, ſelon le Lord North, ont fait une paix trop avantageuſe. ,, On a ajouté à l'Amérique une partie de la nouvelle-Ecoſſe, une vaſte étendue de terre contenant vingt-quatre nations Indiennes, pluſieurs forts conſtruits par l'Angleterre à des frais immenſes. Quelque choſe de plus extraordinaire, c'eſt que, malgré la précaution qu'on avoit eue en 1774 de déterminer les limites du Canada, on n'a pas cru devoir conſulter l'acte du parlement qui les avoit fixées : & l'on a reculé ces limites de maniere que, dans une étendue de plus de 3000 lieues quarrées, le Canada forme aujourd'hui une partie du territoire des Américains, qui s'étend actuellement juſqu'à ving-cinq milles de Montreal. "

Sans doute il eſt extraordinaire que l'indépendance de l'Amérique ait été reconnue fans conditions quelconques, & que l'on s'en foit rapporté à un feul homme. Auffi le vicomte Stormont difoit : ,, Je voudrois favoir, par exemple, par quelle infatuation étrange, on a choifi un M. Ofwald pour faire tète, lui feul, à quatre Américains très-déliés, & de plus, fes compatriotes ? Je ne penfe pas que dans les recueils immenfes des négociations qui ont eu lieu entre les différens peuples du monde, on puiffe trouver un exemple fi honteux de profonde ignorance, de folie & d'abfurdité : M. Ofwald, la tête de M. Ofwald ! contre quatre têtes qui valent quatre fois la fienne; & dans les trois autres, il ne trouve que la très-petite tête du docteur Francklin; fans compter celle de M. Laurens. Au refte, ce n'eft pas M. Ofwald que je blâme, il a probablement fait de fon mieux : mais comment un miniftre a-t-il pu faire un pareil choix, ou l'ayant fait, comment ne lui a-t-il pas donné de meilleures inftructions?

,, La premiere chofe que devoit faire l'agent, chargé des intérêts de la Grande-Bretagne, étoit de demander aux commiffaires Américains s'ils étoient revêtus des pouvoirs néceffaires pour convenir d'une amniftie générale & d'une reftitution complette de ce qui avoit appartenu aux loyalistes, sans exception : la justice, l'honneur, la reconnoissance, l'affection ; tous les motifs, tous les sentimens réunis demandoient que la Grande-Bretagne protégeât ces infortunés, & pourvût à leur sûreté, à leur subsistance; mais hélas ! malheureusement pour l'Angleterre, aussi bien que pour eux, on en a fait le prix de la paix; c'est parce que ces braves gens étoient les meilleurs amis de la Grande-Bretagne, qu'elle s'est crue en droit de moins faire pour eux ; dans cette indigne transaction, elle paroît rougir de concert avec le congrès, conniver au sanglant sacrifice, & s'estimer heureuse de s'évader honteusement au prix de ce qui devoit lui être plus cher, au prix de ses vaillans & fideles enfans.

On est revenu cependant sur ce traité. Dès qu'on plaisante on n'est plus fâché, & voici ce que je lisois, il y a quelque tems, dans un papier anglois.

,, On a soumis ici, il y a quelques jours au jugement du public, le prologue d'un grand opéra, intitulé : *La Paix*. L'auditoire étoit nombreux & tumultueux, comme à toutes les nouveautés.

Celle-ci, quoique d'autorité restée au théatre, n'a pas plû; elle est cependant aussi bonne que le tems & les circonstances ont pu le permettre aux auteurs, qui ne font réellement fautifs que dans l'oubli du mot *loyaliste*, terme à de si justes titres, cher à la nation, & dont il y a encore apparence qu'il ne leur a pas été possible d'en faire usage sans blesser l'harmonie qui étoit le but de leurs travaux.

Ce qu'il y a de singulier, c'est que le parterre (Pitt) étoit du nombre des auteurs, & que la majeure partie des premieres loges a applaudi : mais un *renard* (Fox) qui s'est trouvé dans la salle, a si fort obsédé par ses cris le reste de l'assemblée, qu'après vingt efforts inutiles pour s'en défaire, elle est sortie avec beaucoup d'humeur, & l'a communiquée au peuple qui attendoit en foule à la porte. Ce *renard* est amphibie : on l'a vu quelquefois auprès de Richmond, au grand étonnement de tout le monde, il vit à présent dans la mer du Nord, (North) où il éguise ses dents contre une coquille brûlée (Shelburne) : on croit ici qu'il finira par être pris une seconde fois, car si on y *chasse* (*to hunt or chase*) souvent, on n'y *pêche* (*to fish*) pas moins.

Avant que je parle à votre Altesse de la cinquieme puissance belligérante, il faut attendre que son traité soit rendu public.

En Février 1763, le traité de paix donna à l'Angleterre en toute propriété & à perpétuité l'Amérique Septentrionale ; en Février 1783 l'Angleterre a donné à perpétuité l'Amérique aux Américains. Le résultat de cette guerre est que la grande-Bretagne possédoit treize royaumes en Amérique, douze cents lieues de pays dans les Indes, de vastes contrées en Afrique, onze isles & trois royaumes en Europe. Qu'elle a perdu quatorze provinces en Amérique, hasardé les pays de l'Inde. Aucun pays ne peut se flatter d'avoir autant d'hommes de génie, autant d'hommes éclairés, quoique Gibbon prétende que Londres n'a que des sibarites exaltés & d'élégans discoureurs, & que pourtant aucun pays ne fait d'aussi lourdes fautes en politique; que cette forme de gouvernement trop vantée entraîne des changemens dangereux & tient les esprits dans de perpétuelles convulsions, au milieu desquelles ne peut exister cette raison froide & tranquille qui doit présider au bonheur des Etats. Fox disoit avec raison, qu'un corps politique ne peut pas plus se passer de tête qu'un corp humain; que l'Angleterre a des hommes de mer très-habiles ; mais des vaisseaux en très-mauvais état & une inattention très-défectueuse, pour ce qui regarde l'équippement des navires, que, pour subvenir aux besoins de l'Etat, il a fallu en venir aux expédiens, dont un peu de confusion est inséparable ; qu'elle a dans son génie, dans son commerce des ressources immenses si elle veut partager avec le reste de l'Europe, & non lui commander ; mettre à profit sept ans de fautes & de malheurs, & non rêver déja aux moyens douteux de recouvrer des pertes qu'on pouvoit reculer encore, mais non éviter un jour. Suivant des calculateurs renommés, l'Angleterre, en 1774, gagnoit annuellement sur son commerce trois millions, huit cents quatre-vingt-quatre mille livres sterlings.

La France n'a gagné que deux choses importantes, la pêche de la morue & le rétablissement de Dunkerque. Tabago n'est pas grand' chose, & il est fort problématique que Pondicheri lui soit utile. Elle a pu apprendre par cette guerre que la bravoure, le zele ne suffisoient pas aux grands officiers de mer ; que leur gloire & celle de la nation étoient attachées à une capacité qui exigeoit la vie entiere. Les gains prodigieux qu'ont fait les ports de Bordeaux & de Marseille ont fixé à jamais l'estime & la protection qu'on doit au Commerce ; de même que la nécessité de suspendre les opérations économiques, lui a persuadé que la guerre étoit un fléau, & que les succès même ne dédommageoient pas de ce qu'ils coûtoient. Elle s'est apperçu que l'espece devenoit rare, soit parce que sa monnoie est celle de toute l'Europe, soit parce que les objets du dehors ne lui ont pas permis de s'occuper de ses forêts & de ses mines. La France n'a pas payé trop cher la liberté des mers, si elle peut prévenir les nombreuses émigrations que l'espoir d'une fortune rapide conseillera aux Européens & sur-tout aux François entreprenans & pressés de jouir. Au reste, il y a un cours d'événemens qui résiste au pouvoir des Rois. Si les dangers d'un élément perfide, des travaux obstinés, l'insalubrité du climat, ne peuvent pas arrêter la multitude avide & sourde aux conseils, que feroient de stériles ordonnances ou d'impuissantes exhortations?

Cette Paix a été faite à la hâte, & l'on a cédé des concessions éternelles pour applanir des difficultés momentanées. Voila pourquoi l'on peut dire qu'on a *seulement fait halte*.

www.ingramcontent.com/pod-product-compliance
Lightning Source LLC
Chambersburg PA
CBHW070544080426
42453CB00029B/1909